BEI GRIN MACHT SICH IHR WISSEN BEZAHLT

AF136079

- Wir veröffentlichen Ihre Hausarbeit, Bachelor- und Masterarbeit

- Ihr eigenes eBook und Buch - weltweit in allen wichtigen Shops

- Verdienen Sie an jedem Verkauf

Jetzt bei www.GRIN.com hochladen und kostenlos publizieren

Bibliografische Information der Deutschen Nationalbibliothek:

Die Deutsche Bibliothek verzeichnet diese Publikation in der Deutschen National-
bibliografie; detaillierte bibliografische Daten sind im Internet über http://dnb.d-
nb.de/ abrufbar.

Impressum:

Copyright © 2015 GRIN Verlag
Druck und Bindung: Books on Demand GmbH, Norderstedt Germany
ISBN: 9783346057044

Dieses Buch bei GRIN:

https://www.grin.com/document/501861

Julia Waize

Jüdische Diaspora. Jüdisches Leben in Deutschland nach Ende des zweiten Weltkrieges 1945

GRIN Verlag

GRIN - Your knowledge has value

Der GRIN Verlag publiziert seit 1998 wissenschaftliche Arbeiten von Studenten, Hochschullehrern und anderen Akademikern als eBook und gedrucktes Buch. Die Verlagswebsite www.grin.com ist die ideale Plattform zur Veröffentlichung von Hausarbeiten, Abschlussarbeiten, wissenschaftlichen Aufsätzen, Dissertationen und Fachbüchern.

Besuchen Sie uns im Internet:

http://www.grin.com/

http://www.facebook.com/grincom

http://www.twitter.com/grin_com

Universität Potsdam
Philosophische Fakultät
Historisches Institut

Hausarbeit
„Jüdisches Leben in Deutschland nach Ende des zweiten Weltkrieges 1945"

Verfasserin: Julia Waize

Inhaltsverzeichnis

Einleitung

Diese Hausarbeit beschäftigt sich mit den Menschen, welche dem jüdischen Glauben angehören und nach 1945 in Deutschland geblieben beziehungsweise zurückgekehrt sind.

Im Allgemeinen wird sich in der Öffentlichkeit und zum großen Teil auch in der historischen Forschung mit den Verbrechen der Nationalsozialisten und mit den schlimmen Schicksalen der jüdischen Bevölkerung zur Zeit des zweiten Weltkrieges beschäftigt. Doch was geschah mit den Juden nach dem Ende des Krieges? In den Schulen wird sich direkt im Anschluss dieses Themas mit den Gründungen der Bundesrepublik Deutschland und der Deutschen Demokratischen Republik befasst, ebenso wie mit dem kalten Krieg.

Doch den deutschen Juden beziehungsweise den Juden in Deutschland nach der Shoa wird kaum Beachtung geschenkt.

Im Laufe dieser Hausarbeit wird klar, welchen Weg, die sich zum Kriegsende in Deutschland befindlichen Juden, für ihre Zukunft gewählt haben und wie einige Konzentrationslager zu dieser Zeit genutzt wurden.

Des Weiteren ist es das Ziel der Arbeit die einzelnen Gruppen der jüdischen Überlebenden aufzuzeigen. Doch darüber hinaus, soll vor allem ein Hauptaugenmerk auf die Entstehung der Gemeinden gelegt werden. Ebenso mögen die dazugehörigen Hindernisse und Schwierigkeiten herausgearbeitet werden.

Eine der wichtigsten Fragen, die es zu klären gilt, ist, ob sich überhaupt nach dem Ende des Holocaust ein jüdisches Leben in Deutschland entwickeln konnte und inwiefern es mit dem jüdisch-religiösen Leben vor der Shoa noch übereinstimmt.

Auch müssen die Unterschiede zum einen in der Bundesrepublik Deutschland und zum anderen in der Deutschen Demokratischen Republik auf Hinblick des Aufbaus, der Struktur und der gesamten Entwicklung des jüdischen Lebens Beachtung geschenkt werden.

Die Gesamtsituation in den beiden deutschen Staaten nach 1945

Die Juden aus den Konzentrationslagern, auch „Displaced Persons" genannt, lebten nach dem Ende der Shoa weiterhin in diesen Lagern, welche mittlerweile in DP-Camps umgewandelt wurden. Die meisten DP-Camps befanden sich in der US-Zone. In diesen Camps herrschte teilweise eine drangvolle Enge, da sich oft mehrere Familien eine Wohnung teilten.

Waren es im Jahre 1946 noch 40.000 „DP´s" so stieg die Zahl bis 1947 auf 182.000 „DP`s" an. 140.000 Juden reisten nach erneuten Pogromen in Polen illegal in die drei Westzonen. Dort warteten sie in den Lagern mitunter mehrere Jahre auf Auswanderungsmöglichkeiten, z.B. in die USA oder Israel.[1]

Damit diese Menschen eine ausreichende Versorgung erhielten, wurden sie von den amerikanischen Juden unterstützt.

„Obgleich das Leben in einem Lager nicht dazu angetan war, die psychischen Folgen der KZ-Lagerschaft möglichst bald zu überwinden, zeugt das kulturelle und soziale Leben in den Camps von einem ungeheuren Optimismus in die Zukunft."[2] Der Optimismus zeigte sich u.a. auch an der hohen Geburtenrate in den Camps.

Das kulturelle Leben blühte vor allen in den Sportvereinen, Volkshochschulen, Schulen, Zeitungen, Theatern und Gesangstruppen auf. Dazu wurden mehrere Religionsschulen und Oberrabbinate gegründet. Es war eine autonome Kultur, welche auf der jüdischen Sprache basierte. Diese Kultur hatte kaum noch etwas mit der deutsch-jüdischen Kultur der 1930er Jahre zu tun.

Mit der Erwartung auf die ersehnte Auswanderung nach Israel entstand die Hachschara-Kibbuzim. Die durch die demokratischen Wahlen gewählten Komitees nahmen die Selbstverwaltung in die Hand. Am 1. Juli 1945 entstand das „Zentralkomitee der befreiten Juden in der amerikanischen Zone". Bereits im Juni desselben Jahres gab es den „Vereinigten zionistischen Verband".[3] Die Mehrzahl der jüdischen „DP´s" wünschte sich Auswanderung nach Palästina oder beziehungsweise und die Gründung eines eigenen jüdischen Staates.

---

[1] Vgl. Herzig, Arno: Jüdische Geschichte in Deutschland. Von den Anfängen bis zur Gegenwart. 2. Aufl., München 2002, S. 262.
[2] Ebenda, S. 262.
[3] Vgl. Ebenda, S. 263.

Die antijüdische Palästinapolitik Großbritanniens verhinderte eine baldige Realisierung dieses Vorhabens. Als jedoch 1948 der Staat Israel gegründet wurde, hatte das Lagerleben ein Ende.

Vom April bis zum Oktober 1949 ging die Zahl der jüdischen „DP's" von 165.000 auf 30.000 zurück. 1952 waren es nur noch 12.000 osteuropäische oder deutsche Juden. Sie bildeten die Keimzelle für die wiederentstehenden jüdischen Gemeinden in Deutschland.[4]

Das Umfeld, in dem diese Gemeinden sich bildeten, war trotz des allgemeinen Entsetzens über die Gräueltaten, welche die Nazis in den Konzentrationslagern verübt hatten, keineswegs sehr judenfreundlich.

Führende Politiker waren zwar gegen jede Art des Antisemitismus, aber viele Juden die in ihre alte Heimat zurückkehrten, machten leider andere Erfahrungen. Trotz der Shoa und der Kenntnis darüber, war der Antisemitismus unter ihren deutschen Mitbürgern ungebrochen.

Die Propaganda und die Erziehung des Nationalsozialismus wirkten weiterhin, da 30% bis 40% der deutschen Bevölkerung immer noch extrem judenfeindlich eingestellt waren.[5]

Viele der Deutschen hatten aufgrund ihres Verhaltens gegenüber ihren ehemaligen jüdischen Mitbürgern ein schlechtes Gewissen, jedoch rechneten sie es mit ihrem eigenen Schicksal auf.

Die immer noch in den Köpfen hartnäckig festgesetzte Sichtweise über die antijüdischen Stereotypen wurden trotz der, durch die Deutschen, verübten Morde an Millionen von Juden keineswegs korrigiert oder aufgehoben.

Die Debatte um Wiedergutmachung und das Wiederauftreten ehemaliger Nationalsozialisten in der Politik und in der Kultur brachten einige antisemitische Äußerungen und Bekundungen mit sich. So kam es beispielsweise auch zu Beifallsbekundungen, als Veit Harlan, eine ehemalige nationalsozialistische Kulturgröße, von der Schuld freigesprochen wurde.

Nach 1945 bildeten sich einige jüdische Gemeinden. Dies hatte sich jedoch so ergeben und waren nicht das Produkt einer bewussten Entscheidung zur Fortsetzung beziehungsweise Neugründung jüdischer Existenz in Deutschland.

---

[4] Vgl. Herzig, Geschichte, S. 263.

[5] Vgl. Ebenda, S. 263.

Selbst 10 bis 15 Jahre später, als eine Etablierung ansatzweise stattgefunden hatte, rechnete man nicht damit, dass das jüdische Leben in Deutschland eine Zukunft hatte. Die jüdischen Gemeinden in Deutschland wurden als aussterbende Restgemeinschaft verstanden.

Es gab keine Kontinuität mit den jüdischen Gemeinden Deutschlands vor 1941.[6] „Die deutschen Juden waren unwiderruflich vertrieben oder ermordet worden, ihre Kultur wurde mit ihnen ausgelöscht."[7]

Die jüdische Bevölkerung war seit 1945 gekennzeichnet durch starke Fluktuation, Überalterung und ständige Migrationsprozesse.[8]

Bis 1989 waren die Juden in den beiden deutschen Staaten durch ihre unterschiedliche Entwicklung sehr geprägt. So gab es nach dem Fall der Mauer 30.000 jüdische Gemeindemitglieder in der BRD, wo hingegen es in der DDR nur noch 350 Juden, welche den Gemeinden angehörten, gab.[9]

2007 gab es 110.000 Mitglieder jüdischer Gemeinden in Deutschland.[10]

Die wenigen Überlebenden und Rückkehrer aus dem Exil befanden sich nun in einer veränderten Lage und mussten gemeinsam mit den jüdischen „Displaced Persons" aus dem östlichen Europa einen Neuanfang finden. Das öffentliche Gesicht der Gemeinde wird immer weniger von den deutschen Juden bestimmt. Prägten vor 1933 die liberalen Juden, welche aus der Reform im 19. Jahrhundert entstanden sind, das allgemeine Bild, so prägten nun nach 1945 vor allem die orthodoxen Juden, welche vorrangig aus Polen stammten, das religiöse Gemeinschaftleben.[11]

In Israel und in den USA gab es viele nicht religiöse - oder gar ganz säkulare Juden. Trotzdessen gab es einen jüdischen Kern, welcher deren Traditionen durch die Lehren und die Praxis weitergab. Im damaligen Deutschland gab es diesen Kern nicht und dieser Zustand war nur schwer religiös sowie kulturell zu bewältigen.

---

[6] Vgl. Herzig, Geschichte, S.270.
[7] Herzig, Arno/ Rademacher, Cay (Hrsg.): Die Geschichte der Juden in Deutschland. Bonn 2008, S. 238.
[8] Vgl. Ebenda, S. 238.
[9] Vgl. Ebenda, S. 238.
[10] Vgl. Ebenda, S. 238.
[11] Vgl. Ebenda, S. 238.

Die jüdische Gemeinde war eine aussterbende Restgemeinschaft, welche sich 1945 aus drei Gruppen zusammensetze. Die größte Gruppe bestand aus 12.000 Ehepartnern aus den „privilegierten Mischehen", 8.000 Menschen aus den Konzentrationslagern und 3.000 Menschen, welche in Verstecken, Untergründen oder damals unter falscher Identität lebten.[12] Spannungen blieben in dieser neuen Gemeinschaft natürlich nicht aus.

Im Allgemeinen hatte diese neue jüdische Gemeinschaft eher einen provisorischen Charakter, da sie von den internationalen jüdischen Organisationen ausgegrenzt wurden beziehungsweise überhaupt ihre Berechtigung zu existieren umstritten war.

Viele Juden wanderten aus den „DP-Camps" aus, jedoch blieben auch 12.000, welche zu krank oder alt waren beziehungsweise auf eine neue Existenz in Deutschland hofften.[13]

Mit dem Wiedergutmachungsgesetz und den Restitutionsgeldern kehrten 5% der aus Deutschland geflüchteten Juden zurück. Zum größten Teil waren es ältere Juden oder welche, die in Israel nicht sesshaft werden konnten.

Auch einige bekannte Künstler, Wissenschaftler und Politiker kehrten zurück. Unter ihnen waren zum Beispiel Ernst Deutsch, Fritz Kortner, Max Horkheimer, Theodor Adorno, Ernst Fraenkel und Herbert Weichmann.

Im Jahr 1952 tendierte man in der tagenden Rabbiner-Konferenz in die liberale Richtung. In den Gemeinden herrschte ein liberaler Gottesdienst vor, da man der Trennung zwischen Männern und Frauen keinerlei Beachtung schenkte.[14]

Eine Stärkung der orthodoxen Tradition fand erst in die 1960er Jahren und mit neuer Synagoge statt.

In der Mehrzahl der jüdischen Gemeinden verzichtete man auf den Einbau einer Orgel. Das einst von Deutschland ausgehende Reformjudentum hatte in naher Zukunft nur geringe Entwicklungschancen.

---

[12] Vgl. Herzig/ Rademacher, Geschichte, S. 239.

[13] Vgl. Ebenda, S. 240.

[14] Vgl. Herzig, Geschichte, S. 273.

„Der insulare Charakter, der für die jüdischen Gemeinden in Deutschland typisch ist, beeinträchtige eine Weiterentwicklung sowohl des orthodoxen wie des religiös-liberalen-Judentums in Deutschland."[15]

Die nachwachsende Generation lehnte es entschieden ab als „deutsche Juden" betitelt zu werden. Sie definierte sich als „Juden in Deutschland".

Es gab eine starke Identifizierung mit Israel. Daher plagte einige das schlechte Gewissen, da sie im Land der Mörder lebten.

Die Jewish Agency forderte im August 1950 in einem Ultimatum, dass alle Juden in Deutschland binnen sechs Wochen ihre Koffer packen und Deutschland verlassen sollten. Schon bereits im Juli des Jahres 1948 äußerte sich der jüdische Weltkongress sehr eindeutig, dass sich niemals wieder ein Jude „auf dem blutgetränkten deutschen Boden ansiedeln" sollte.[16] Die Abneigung und Voreingenommenheit gegenüber den Juden, welche in Deutschland lebten, blieb auch in den folgenden Jahrzehnten bestehen. Diese Forderungen und Sichtweisen verstärkten natürlich die allgemeinen Schulgefühle der jüdischen Gemeindemitglieder in Deutschland.

Aber auch innerhalb der Gemeinden blieb die vorherrschende Inhomogenität ein größeres Problem. Die Juden in Deutschland fanden sich häufig in Großstadtgemeinden zusammen. Jedoch gab es auch Mitglieder, welche quer über ländliche Gegenden verteilt waren. Hinzu kam, dass auf dem Land lebende Mitglieder oft von den Deutschen isoliert waren.

Die oben erwähnten Gemeinden und deren Mitglieder verstanden sich und ihr Zusammenkommen oft als eine Art der „Interessengesellschaft der Geschädigten".[17] Denn außer in dem Überstehen und im Überleben der grausamen Kriegsjahre hatten sie wenig gemeinsame Punkte, welche das Judentum betreffen.

Die meisten Überlebenden der „deutschen" Restgruppen standen dem Judentum in ihrem Innersten eher fern, da zum Beispiel oft der Rest ihrer Familie oder ihre Partner und Partnerinnen dem christlichen Glauben angehörten, sie jedoch trotzdem in das jüdische Gemeindeleben mit integriert werden sollten.[18]

---

[15] Herzig, Geschichte, S. 273.
[16] Vgl. Ebenda, S. 271.
[17] Vgl. Ebenda, S. 272.
[18] Vgl. Ebenda, S. 272.

Hinzukommt, dass es nur ein geringes Wissen um die jüdischen Traditionen gab, was vor allem daran lag, dass es bis in die 1960er Jahre kaum Rabbiner in Deutschland gab. Leo Baeck setzte sich jedoch verstärkt für die Niederlassung von Rabbinern in Deutschland ein. [9] Es ist aber trotzdem erwähnenswert, dass es direkt nach 1945 einige Militärrabbiner gab, welche zumindest an den hohen Feiertagen den geistlichen Dienst versahen. Erst in den späten 1950er Jahren existierten wieder mehr Rabbiner in Deutschland, da sich wieder ein religiöses Leben entwickelte.

Im Jahr 1960 amtierten bereits wieder sieben ausgebildete Rabbiner in Deutschland.

Die Situation in der Bundesrepublik Deutschland

Mit dem Wegfall der alliierten Oberhoheit, welche mit der Gründung der Bundesrepublik Deutschland 1949 einherging, stiegen die öffentlichen Beleidigungen und Bedrohungen gegenüber der jüdischen Bevölkerung stark an, sodass es neben den verbalen und tätlichen Aggressionen auch zu Hakenkreuzschmierereien und Friedhofschändungen kam. Die Lage war so ernst, dass sich selbst der jüdische Weltkongress einschaltete und die in Bonn sitzende deutsche Regierung mehr als aufforderte, mit den härtesten Maßnahmen gegen jegliche Art des Antisemitismus vorzugehen. [20] Vor allem die Presse und andere Medien trugen zur Aufklärung einiger antisemitischer Vorkommnisse bei. [21] Die Kirche hielt sich komplett aus den Geschehnissen raus Es entstand jedoch eine christlich-jüdische Zusammenarbeit, welche später einen beträchtlichen Raum für die Gespräche zwischen Christen und Juden schaffte.

Der Bundeskanzler Konrad Adenauer kritisierte und verurteilte bei seiner ersten Regierungserklärung am 20. September 1949 auf das Schärfste die antisemitischen Bestrebungen.

Ebenfalls war es für den Bundeskanzler von großer Bedeutung, die Frage um die Wiedergutmachung als einen durchaus primären und wichtigen Akt der Politik zu sehen.

---

[19] Vgl. Herzig, Geschichte, S. 272.
[20] Vgl. Ebenda, S. 264.
[21] Vgl. Ebenda, S. 265.

Jedoch gab Adenauer keinerlei Äußerung bezüglich einer Schulderklärung, welche auf die Regierung zurückgeführt hätte werden können. Am 27. September 1951 erkannte Konrad Adenauer aber teilweise eine historische Verantwortung an.[22] Auch der damalige Bundespräsident wollte einer Pauschalisierung der Kollektivschuld zustimmen. Jedoch formulierte er, dass es eine Art „Kollektivschuld" gibt, welche jeder deutsche Bürger gegenüber dem gesamten jüdischen Volke hat.[23]

Im Jahre 1951 entschloss sich die Bundesregierung, den Artikel 131 in das Grundgesetz mit aufzunehmen. In diesem heißt es, dass die ehemaligen Beamten, welche im öffentlichen Dienst zur Zeit des Nationalsozialismus arbeiteten, sofern sie nicht verurteilt worden waren, auch wieder eingestellt werden konnten. Daraufhin kehrten 150.000 ehemalige NS-Beamte in ihren alten Beruf im öffentlichen Dienst zurück.[24] Damit schuf die Regierung eine paradoxe Situation, da zum größten Teil die Beamten, welche in den Kriegsjahren zuvor maßgeblich an dem Leid der Juden und deren Ablauf beteiligt waren, nun die Verantwortung in den Händen hielten, wie sie die Regelung der Wiedergutmachung umsetzten.

Nach dem Luxemburger Abkommen im Jahr 1952 zahlte die Bundesrepublik Deutschland drei Milliarden Deutsche Mark an den israelischen Staat. Die Deutsche Demokratischen Republik sowie die UdSSR bezahlten kein Geld.[25] Das Ansehen der BRD stieg ungemein an, da die gesamten Versuche der Wiedergutmachung aus freien Stücken und ohne Druck seitens der Amerikaner verliefen.[26]

Doch nicht nur die Politik und deren Vertreter beschäftigten sich mit der schrecklichen NS-Zeit und deren zwingenden Folgen. Die Studenten, welche 1968 in der Studentenbewegung in allen großen Städten der Bundesrepublik Deutschlands demonstrierten, rückten die Aufarbeitung und die fehlende Auseinandersetzung mit der nationalsozialistischen Vergangenheit noch einmal in den Fokus der Öffentlichkeit.

---

[22]Vgl. Herzig, Geschichte, S. 264.
[23] Vgl. Ebenda, S. 264.
[24] Vgl. Ebenda, S. 264.
[25] Vgl. Ebenda, S. 268.
[26] Vgl. Wolffsohn, Michael: Ewige Schuld? 40 Jahre deutsch-jüdisch-israelische Beziehungen, 2. Aufl., München 1988, S.21.

Im Großen und Ganzen lässt sich über die Juden in der Bundesrepublik Deutschland sagen, dass sie außerhalb von Gemeinden lebten, da sie eigentlich teilnahmslos religiös waren.[27] Dies bedeutet, dass sich ein Großteil nicht mehr als Juden sahen oder sie nach den entsetzenden Erfahrungen mit der erlebten Verfolgung jegliche Art von Registrierung oder zusätzliche Erfassung von Namen vermieden.

Nicht nur die Beziehung zwischen den Juden und den Nicht-Juden war aus politischer und gesellschaftlicher Sicht angespannt, auch gab es zusätzliche, über die Normalität hinausragende, Spannungen zwischen den unterschiedlichen Generationen innerhalb einer jüdischen Familie. Vor allem die jüngere Generation, welche in der Bundesrepublik Deutschland geboren wurde, stand häufig zwischen den Stühlen. Sie gingen zur Schule und belegten Kurs an der Uni, wie ihre nicht- jüdischen Altersgenossen auch. Die Kinder und Jugendlichen nahmen am öffentlichen Leben teil und erlebten ein „normales" Umfeld. Ihre Eltern hingegen, welche die Grausamkeiten und Hergänge der Shoa miterlebt hatten, fühlten sich immer noch fremd im eigenen Land.[28] Diese Generation hatte kaum Zeit, geschweige denn Hilfe, dieses Erlebte zu verarbeiten. Weiterhin hatte diese Generation das Gefühl, ständig für eine Ausreise bereit seien zu müssen. Diese Ängste spiegelten sich natürlich auch in der Erziehung ihrer Kinder wieder. Zu diesen Ängsten gesellt sich auch eine Distanz zwischen Eltern und ihren Kindern. Viele erzählten nicht über das Erlebte, um die Erinnerungen zu verdrängen und weiteres Leid zu vermeiden.[29]

Die jüdischen Gemeinden in der BRD waren allerdings sehr bestrebt, das Gefühl von einem Zuhause zu vermitteln. Sie setzten alles daran, eine Infrastruktur zu schaffen, in der neben Synagogen auch Kindergärten, Schulen, Altersheime und Bibliotheken einen äußerst wichtigen Platz fanden.[30]

---

[27] Vgl. Herzig/ Rademacher , Geschichte, S. 242.
[28] Vgl. Ebenda, S. 242.
[29] Vgl. Gorschenek, Günter/ Reimers, Stephan (Hrsg.): Offene Wunden – brennende Fragen. Juden in Deutschland von 1938 bis heute. Frankfurt am Main 1989, S. 68.
[30] Vgl. Herzig/ Rademacher, Geschichte, S. 243.

Die Situation in der Deutschen Demokratischen Republik

Die Situation war in der Deutschen Demokratischen Republik in fast jederlei Hinsicht anders, als in der Bundesrepublik Deutschland.

Für die Kommunisten spielte es keine Rolle, ob man als Jude geboren wurde, und daher war dies auch für die Öffentlichkeit nicht erwähnenswert. Wenn es jedoch zu Diskriminierungen kam, so wurden sie nicht als „Jude" beschimpft, sonder als „Zionist" oder „Westemigrant".[31]

Des Weiteren wurden von staatlicher Seite die Büros mancher jüdischer Gemeinden durchsucht, um mögliche Beweise zu finden, welche den Verdacht, dass die jüdischen Gemeinden für den US-Imperialismus spionierten, bestätigten. Solche Beweise wurden jedoch nie gefunden. Nathan Levinson, der damals der Rabbiner von Berlin war, forderte 1953 daraufhin seine jüdischen Mitmenschen zur Flucht auf. Dieser Aufforderung kamen viele Juden nach, da sie Angst vor Bedrohung und Verhaftungen seitens der Regierung hatten.[32]

Der Vorsitzende der jüdischen Gemeinde in Ostberlin meinte, dass es außerhalb der jüdischen Gemeinden in der DDR zehnmal so viele Menschen jüdischen Ursprungs gab, als in den Gemeinden.[33]

Ebenfalls ist es auch erwähnenswert, dass es in der Deutschen Demokratischen Republik kaum Juden mit ausländischer Herkunft gab. Dies lag der Regelung zu Grunde, dass sich die jüdischen „Displaced Persons" nicht in der Sowjetzone niederlassen durften.[34]

„Eine neue Form von Antisemitismus gerierte sich als Antizionismus in der extremen Linken. Er bestimmte auch die politische Ideologie des zweiten deutschen Teilstaats, der DDR."[35]

---

[31] Vgl. Herzig/ Rademacher, Geschichte, S. 244.
[32] Vgl. Brenner, Michael (Hrsg.): Geschichte der Juden in Deutschland von 1945 bis zur Gegenwart. München 2012, S. 178.
[33] Vgl. Herzig/ Rademacher, Geschichte, S. 244.
[34] Vgl. Ebenda, S. 244.
[35] Herzig, Geschichte, S. 267.

Durch den vorherrschenden Antifaschismus in der Deutschen Demokratischen Republik wurde eine Auseinandersetzung mit der Vergangenheit des Nationalsozialismus oder aber mit der Widergutmachung für die jüdische Bevölkerung verhindert. Daher blieb der ehemalige Besitz jüdischer Institutionen beziehungsweise Bürgern im Eigentum des Volkes der DDR.[36]

Die politische Regierung der Deutschen Demokratischen Republik unterstützte zwar die wenigen jüdischen Gemeinden mit finanziellen Mitteln, dafür forderten sie aber absolute Loyalität seitens derer.

Zum Ende der 1980er Jahre stieg das Interesse der DDR-Politik an dem Leben der jüdischen Bevölkerung und deren Gemeinden plötzlich stark an Sie erhofften sich, dass sie mit der ökonomischen Hilfe der Regierung der Vereinigten Staaten von Amerika ihre kritische Wirtschaftslage wieder unter Kontrolle zu bringen. Die Regierung ging davon aus, dass ihr Unternehmen am besten in die Tat umgesetzt werden könne, wenn sie die Sympathie der in Amerika lebenden Juden gewannen.[37]

Die Zahl der Gemeindemitglieder sank in der DDR kontinuierlich von ungefähr 3.750 Mitgliedern im Jahre 1949 auf 372 Mitglieder im Jahr 1990. Nach der Auflösung der Deutschen Demokratischen Republik waren es jedoch, genau wie zu Beginn, acht Gemeinden, welche sich dann dem Zentralrat der Juden anschlossen.[38]

Der Zentralrat der Juden fungierte als offizielles Sprachrohr der Juden und äußerte sich zu politischen Problemen.[39] Der Rat wurde am 19. Juli 1950 aus 25 Vertretern in Frankfurt am Main gegründet. Die Rahmenbedingungen für das jüdische Leben stellten die Gründung der Bundesrepublik Deutschland 1949 sowie die demokratischen Juden dar. Der Zentralrat der Juden vertrat bis 1990 ungefähr 90 Gemeinden.

---

[36] Vgl. Herzig, Geschichte, S. 267.
[37] Vgl. Herzig/ Rademacher, Geschichte, S.245.
[38] Vgl. Zuckermann, Moshe (Hrsg.): Zwischen Politik und Kultur – Juden in der DDR. 2. Aufl., Göttingen 2003, S.18.
[39] Vgl. Herzig/ Rademacher, Geschichte, S. 241.

Fazit

Wie in der Arbeit bereits gezeigt, setzte sich die jüdische Gemeinschaft nach dem zweiten Weltkrieg aus den unterschiedlichsten Menschen zusammen, welche jedoch eines gemeinsam hatten. Sie hatten die Shoa überlebt.

Eine große Anzahl konnte und wollte das Erlebte nicht vergessen und setzte es grundsätzlich in Verbindung mit dem Land Deutschland. Aus diesem Grunde wanderten Viele aus. Der große „Gewinner" USA sowie der eigene jüdische Staat Israel baten Zuflucht und Hoffnung auf einen Neubeginn.

Einige Juden blieben in Deutschland. Teilweise blieben sie, da sie sich zu alt oder erschöpft für einen Neuanfang in einem anderen Land, weit entfernt von Deutschland, fühlten.

Aber es gab auch Juden, welche sich zwar fremd im eigenen Land fühlten, aber trotzdem auf ihre Existenz in diesem nicht verzichten wollten. Sie versuchten mit viel Mühe ein jüdisch-religiöses Leben in Deutschland wieder aufzubauen, auch wenn dies kaum Ähnlichkeit mit dem kulturellen Leben vor dem Krieg zu tun hatte.

Auch eine große Anzahl der „Dableiber" hatten zwar jüdische Wurzeln, waren aber nur teilnahmslos religiös. Diese Menschen wollten zum größten Teil das Judentum, wenn überhaupt, nur im Privaten leben und das Gemeindeleben sowie jegliche weitere Registrierung hinter sich lassen.

Einige wenige Juden, welchen es noch gelungen war, Nazi-Deutschland rechtzeitig zu verlassen, kehrten in ihre Heimat und ihr Geburtsland zurück, um dort als „Juden in Deutschland" zu leben.

Fest steht jedoch, dass es bis Mitte der 1950er Jahre kein jüdisches Leben in geordneten religiösen und kulturellen Verhältnissen in Deutschland gab. Dieses musste sich erst peu á peu wieder entwickeln. Dieser Prozess war sehr langwierig. Sicherlich waren schon die Gemeindemitglieder direkt in den Nachkriegsjahren mit dem Aufbau eines neuen jüdischen Lebens, zum Beispiel in den „DP-Camps", beschäftigt. Doch diese waren teilweise nur für die Zeit bis zur Ausreise gedacht und waren, meiner Meinung nach, da sie in den Camps stattfanden, wenig mit dem realen Leben verbunden.

Das damalige Deutschland musste erst eine Art der Ordnung nach dem Krieg wiederfinden, welche dann 1949 mit der Gründung der beiden deutschen Staaten auch geschah. Erst dann konnte man sich über Wiedergutmachung, den Neuaufbau der Beziehung zu den Juden und die Neugründung des jüdischen Lebens in Deutschland Gedanken machen. Die Politik und die Bevölkerung der Bundesrepublik Deutschland versuchten, sich intensiv und ernsthaft mit dieser Thematik auseinanderzusetzen und es gelang ihr, dass sich zum Beispiel im Jahr 1989 30.000 Juden in den Gemeinden befanden.

In der Deutschen Demokratischen Republik sah es durch das gesamte politische System und dessen Grundgedanken bezüglich des Bestandes und der Ausführung des jüdischen Lebens und Glaubens komplett anders aus. Sicherlich war dieser Staat antifaschistisch eingestellt, jedoch spielte der Glaube eine sehr geringe Rolle. Ob man nun Christ, Jude oder Moslem war, war nicht ausschlaggebend. Daher war es auch nicht verwunderlich, dass es mit dem Mauerfall noch ungefähr 350 Juden gab.

Heutzutage liegt es dem Staat und der Gesellschaft sehr am Herzen sich mit der Geschichte des jüdischen Lebens in Deutschland vor allem zu der Zeit des Nationalsozialismus auseinanderzusetzen. Meiner Ansicht nach, wird das Judentum aber häufig nur im Kontext mit der Shoa betrachtet, was die Gefahr birgt, dass diese eingegrenzte beziehungsweise begrenzte Betrachtung des Judentums ein ebenso begrenztes Bild im Ergebnis mit sich bringt. Doch die Geschichte des Judentums erzählt viel mehr, als die Shoa.

Literaturverzeichnis

Brenner, Michael (Hrsg.): Geschichte der Juden in Deutschland von 1945 bis zur Gegenwart. Politik, Kultur und Gesellschaft. München 2012.

Gorschenek, Günter/ Reimers, Stephan (Hrsg.): Offene Wunden – brennende Fragen. Juden in Deutschland von 1938 bis heute. Frankfurt am Main 1989.

Herzig, Arno/ Rademacher, Cay (Hrsg.): Die Geschichte der Juden in Deutschland. Bonn 2008.

Herzig Arno: Jüdische Geschichte in Deutschland. Von den Anfängen bis zur Gegenwart. 2. aktual. Aufl., München 2002.

Herzig, Arno: Neubeginn, in: Bundeszentrale für politische Bildung (Hrsg.): Informationen zur politischen Bildung 307. Jüdisches Leben in Deutschland, 2/2010, S. 62-69.

Wolffsohn, Michael: Ewige Schuld? 40 Jahre deutsch-jüdisch-israelische Beziehungen. 2. Aufl., München 1988.

Zuckermann, Moshe (Hrsg.): Zwischen Politik und Kultur – Juden in der DDR. 2. Aufl., Göttingen 2003.

BEI GRIN MACHT SICH IHR WISSEN BEZAHLT

- Wir veröffentlichen Ihre Hausarbeit,
  Bachelor- und Masterarbeit

- Ihr eigenes eBook und Buch -
  weltweit in allen wichtigen Shops

- Verdienen Sie an jedem Verkauf

Jetzt bei www.GRIN.com hochladen und kostenlos publizieren